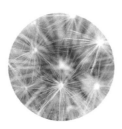

Bibliografische Information der Deutschen Nationalbibliothek:
Die Deutsche Nationalbibliothek
verzeichnet diese Publikation in der Deutschen Nationalbibliografie;
detaillierte bibliografische Daten sind im Internet über dnb.dnb.de abrufbar.

Idee und Zitatesammlung: Doris Huber; Fotos und Gestaltung: Anja Masuch

© 2019 Huber, Doris; Masuch, Anja
Herstellung und Verlag: BoD - Books on Demand, Norderstedt
ISBN: 9783749485529

Achtsamkeit
Kleine Wunder im Alltäglichen

Die beste Zeit für Achtsamkeit
ist immer JETZT.

Die wahre Lebensweisheit besteht darin,
im Alltäglichen das Wunderbare zu sehen.

Pearl S. Buck

Für uns gläubige Physiker
hat **die Scheidung von
Vergangenheit, Gegenwart** und **Zukunft**
nur die Bedeutung einer,
wenn auch hartnäckigen **Illusion**.

ALBERT EINSTEIN

Der Weise lebt still inmitten der Welt,
sein Herz ist ein offener Raum.

Laotse

Es gibt
eine **Vollkommenheit**
tief inmitten
allem Unzulänglichen.
Es gibt eine **Stille**
inmitten aller Ratlosigkeit.

Buddha

*Denn das ist eben die Eigenschaft
der wahren Aufmerksamkeit,
dass sie im Augenblick
das Nichts zu allem macht.*

Johann Wolfgang von Goethe

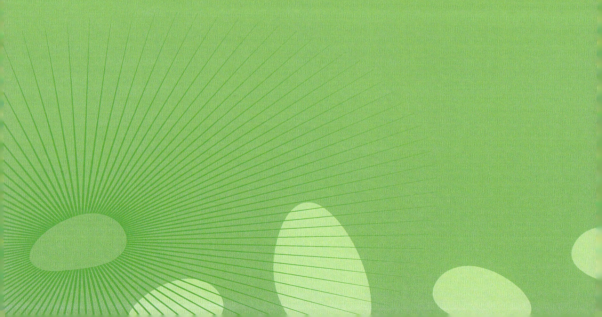

Die **Fülle des Lebens** liegt in der ***Stille des Geistes***.

Jiddu Krishnamurti

Mit Andacht **lies, und dich wird jedes Buch erbauen;** mit Andacht **schau, und du wirst lauter Wunder schauen;** mit Andacht **sprich nur, und man hört dir zu andächtig;** mit Andacht **bist du stark, und** ohn' Andacht **ohnmächtig.**

FRIEDRICH RÜCKERT

Nicht **was wir erleben**,
sondern **wie wir empfinden**,
was wir erleben,
macht **unser Schicksal** aus.

Marie von Ebner-Eschenbach

Nur der Tag
bricht an, für den
wir wach sind.

Henry Thoreau

Meditation bedeutet,
bei allem, was man tut,
völlig aufmerksam zu sein –
beispielsweise darauf zu achten,
wie man mit jemandem spricht,
wie man geht, wie man denkt,
was man denkt.

Jiddu Krishnamurti

*Denn der Raum des Geistes,
dort wo er seine Flügel öffnen kann,
das ist die Stille.*

Antoine de Saint-Exupéry

Die Herrschaft über den **Augenblick**
ist die Herrschaft über das **Leben**.

Marie von Ebner-Eschenbach

Lass **deinen Geist** still werden, wie einen Teich im Wald. **Er soll klar werden** wie Wasser, das von den Bergen fließt. Lass trübes Wasser zur Ruhe kommen, dann wird es klar werden, und lass **deine schweifenden Gedanken und Wünsche** zur Ruhe kommen.

BUDDHA

Wenn ein Lehrer **wirklich weise** ist,
fordert er euch nicht auf,
ins Haus seiner Weisheit einzutreten,
**sondern führt euch an die Schwelle
eures eigenen Geistes.**

KHALIL GIBRAN

Mit der **Kraft der Gedanken** bestimmen wir nicht nur Gesundheit und Krankheit, sondern **unsere Gedanken sind unser Schicksal**. Das ist eine Gesetzmäßigkeit, der sich keiner entziehen kann; aber gleichzeitig eine **wunderbare Chance**.

WILLIAM JAMES

Es gibt **überall Blumen** für den,
der sie sehen will.

Henri Matisse

Liebe

Nicht im Kopf, sondern
im Herzen liegt der Anfang.

Maxim Gorki

Das Wertvollste im Leben
ist die Entfaltung der Persönlichkeit
und ihrer schöpferischen Kräfte.
Es ist **das Wichtigste**,
denn es ist die Voraussetzung
für **ein erfülltes Leben**.

Albert Einstein

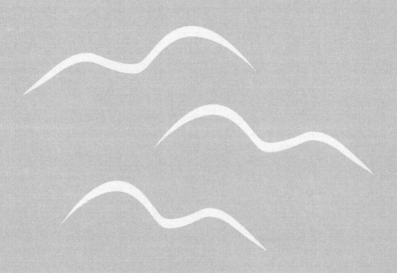

Freund,
bedenke zuerst, was es ist, das du tun willst.

EPIKTET

Der Reisende
ins Innere findet alles,
was er sucht, in sich selbst.
**Das ist die höchste Form
des Reisens.**

Laotse

Urvertrauen

Ein Schüler ging
zu seinem Zen-Meister und fragte:
**„Wie kann ich mich von dem, was
mich an die Vergangenheit bindet, lösen?"**
Da stand der Meister auf,
ging zu einem Baumstumpf,
umklammerte ihn und jammerte:
**„Was kann ich tun,
damit dieser Baum mich loslässt?"**

ZEN-BUDDHISMUS

Achtsamkeit ist ein **aufmerksames Beobachten, ein Gewahrsein,** das völlig **frei von Motiven** oder **Wünschen** ist, ein Beobachten **ohne** jegliche **Interpretation** oder **Verzerrung.**

Jiddu Krishnamurti

Frieden

Alles Geschaffene ist vergänglich.
Strebt weiter, bemüht euch,
unablässig achtsam zu sein.

BUDDHA

Wenn wir wissen, *was wir sollen*,
dann geschieht auch, *was wir wollen.*

Meister Eckhart

Jeder Moment
ist **einzigartig** und
findet nur im **JETZT** statt.
Jeder Grashalm hat seinen **Engel**,
der sich über ihn beugt
und flüstert: **wachse,
wachse.**

Aus dem Talmud

Verströme
Deine Achtsamkeit
und sie wird sich
in Allem widerspiegeln.

DORIS HUBER